AF324385

NOTICE

SUR

M. Charles BALLOT

VICE-PRÉSIDENT DU CONSEIL D'ÉTAT

Par M. E. LAFERRIÈRE

VICE-PRÉSIDENT DU CONSEIL D'ÉTAT

PARIS

ALCAN-LÉVY, IMPRIMEUR DE L'ORDRE DES AVOCATS

24, rue Chauchat, 24

1887

NOTICE

sur

M. CHARLES BALLOT

NOTICE

SUR

M. Charles BALLOT

VICE-PRÉSIDENT DU CONSEIL D'ÉTAT

PAR M. E. LAFERRIÈRE

VICE-PRÉSIDENT DU CONSEIL D'ÉTAT

PARIS

ALCAN-LÉVY, IMPRIMEUR DE L'ORDRE DES AVOCATS

24, rue Chauchat, 24

1887

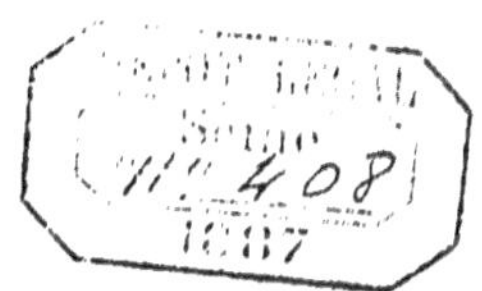

NOTICE

SUR

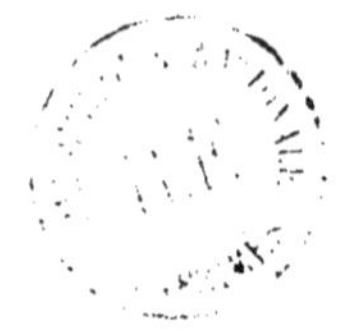

M. Charles BALLOT

VICE-PRÉSIDENT DU CONSEIL D'ÉTAT

Lue par M. E. Laferrière, à la séance du 20 décembre 1886

Messieurs,

Chacune des réunions confraternelles, auxquelles nous sommes annuellement conviés, atteste les liens qui ont existé de tout temps entre le Conseil d'Etat et la Conférence.

Il y a un an, un de nos confrères nous retraçait la vie d'un membre de notre Association qui a exercé avec éclat les fonctions de ministre président du Conseil d'Etat (1). Le regretté vice-président du Conseil à la mémoire duquel

(1) M. Vuitry. (Notice par M. Georges Picot. *Bulletin* de 1886, p. 197.)

je viens rendre hommage, M. Ch. BALLOT, avait appartenu lui aussi au secrétariat de la Conférence, où il avait devancé de vingt ans celui qui a eu l'honneur de lui succéder dans ses fonctions. Par une coïncidence digne de remarque, le Secrétariat de 1844-1845, auquel appartenait Ch. BALLOT, comptait parmi ses membres un autre vice-président du Conseil d'Etat, M. de Forcade de la Roquette, et il avait pour bâtonnier M. Duvergier, qui a été depuis Conseiller d'Etat et président de la section de l'Intérieur.

De tels rapprochements, auxquels bien d'autres pourraient être ajoutés, ne suffiraient-ils pas pour rassurer ceux qui croiraient voir entre l'élément judiciaire et l'élément administratif, dans notre pays, des différences profondes d'origine, de tendance, et d'éducation juridique ?

Ch. BALLOT, né à Orléans le 14 mars 1818, se fit inscrire au stage en 1842. En même temps qu'il se consacrait aux travaux de la Conférence, il poursuivait ses études de droit pour obtenir le diplôme de docteur. Un double succès couronna ce double effort de sa jeunesse studieuse. La même année 1845 le vit secrétaire de la Conférence, docteur en droit et lauréat du concours de doctorat.

Sa vocation l'entraînait vers le barreau. Il en abordait les épreuves avec une forte instruction juridique, avec un esprit plein de sagacité en même temps que de droiture, et par dessus tout, avec un amour sincère de la justice et du droit, et un dévouement instinctif à toutes les œuvres qui peuvent aider à les faire triompher.

Aussi ne devons-nous pas être surpris de le voir, au lendemain de la Révolution de 1848, à une époque où il y avait tant d'idées généreuses à seconder et tant d'idées fausses à combattre, devenir publiciste sans cesser d'être avocat, et mener de front, avec un zèle égal, les travaux

du barreau et les polémiques de la presse. Cette double
vocation persista pendant la plus grande partie de sa
carrière d'avocat.

C'est d'abord comme publiciste que Ch. BALLOT s'est
le plus fait connaître. Un des premiers, il a rempli avec
une réelle autorité la mission qui appartient au jurisconsulte dans la presse politique : mission salutaire, qui
tempère par le sentiment du droit, par la connaissance et
le respect de la loi, les impulsions trop exclusivement po-
litiques, qui donne l'habitude d'étudier le dossier d'une
question avant de la résoudre, qui met en garde contre les
décisions purement instinctives dans les matières qui
exigent quelque chose de plus.

Depuis 1849 et pendant de longues années, Ch. BALLOT
remplit avec succès, dans les colonnes du journal le *Siècle*,
ce rôle de légiste publiciste. Le cadre de cette notice ne
me permettrait pas de faire passer sous vos yeux, même
dans une rapide énumération, les sujets si nombreux et
si variés que notre confrère fut appelé à traiter, et dans
lesquels s'affirmèrent son savoir, ses qualités d'écrivain et
sa probité politique. Qu'il me suffise de dire que, pendant
cette période, il y a eu peu de problèmes législatifs soumis
aux Chambres, peu de questions de légalité ou de grands
débats judiciaires préoccupant l'opinion publique, sur lesquels Ch. BALLOT, n'ait été appelé à écrire. Il ne le faisait
qu'après une étude attentive, donnant à sa pensée une
forme nette et sobre, dédaignant les grands mots, préfé-
rant les idées justes, leur communiquant souvent beaucoup de force par l'autorité de l'homme qui sait, et par
l'élan de convictions sincères et toujours désintéressées.

Parfois aussi, quand le sentiment d'une injustice ou
celui d'un grand devoir public le faisait sortir du sang-

froid qui était dans sa nature et qui dictait le ton habituel
de ses polémiques, sa plume s'échauffait et s'aiguisait. Je
lis dans un article publié le 21 février 1850, au sujet de la
suspension prononcée contre M. le professeur Deschanel,
cette rude apostrophe aux auteurs de la décision :

« Vous voyez avec dépit ces intelligences d'élite, qui se
« sont rangées autour de la liberté, et qui chaque mois
« élèvent à ses pieds des œuvres pleines de talent et de
« patriotisme. Aussi vous avez frappé pour l'exemple ! »
Bien longtemps après, pendant le siège de Paris, il résu-
mait ainsi les redoutables enseignements du passé et les
devoirs de l'avenir : « Vertus civiques, devoirs civiques,
« voilà ce qui nous a manqué, voilà ce qu'il nous faut re-
« conquérir, enseigner, honorer, si nous voulons retrouver
« la grandeur, l'indépendance si fatalement atteintes
« par les maux qui se sont rués sur la France ! » (No-
vembre 1870.)

Ce n'est pas seulement dans la presse politique que
Ch. Ballot s'est distingué comme jurisconsulte publiciste.
Il a aussi rendu de notables services à la presse juridique
proprement dite, à laquelle il s'était plus spécialement
consacré à partir de 1856. A cette époque, il fut l'un des
fondateurs de la *Revue pratique de Droit Français* où
il a publié, jusqu'en 1864, une série d'études approfondies
de droit civil, commercial et criminel. En même temps,
il concourait avec activité à la rédaction du journal le
Droit. Il était de ceux qui pensaient que la presse judiciaire, même à une époque où elle était étroitement
surveillée, ne devait pas se borner uniquement à publier
des arrêts et quelques fragments de débats d'audiences,
qu'il était dans son rôle d'aborder la critique juridique
et législative et de contribuer, dans la mesure du pos-

sible, à l'amélioration de la jurisprudence et des lois.

Les services qu'il rendit dans cet ordre d'idées le firent appeler, en 1872, à la direction du journal le *Droit*. Il s'acquitta de cette tâche avec un réel succès, et il ne l'abandonna que lorsqu'il dut renoncer au Palais lui-même pour embrasser une carrière nouvelle.

En même temps qu'il se livrait à ses travaux de publiciste, Ch. Ballot se consacrait activement à sa profession d'avocat; il lui était profondément attaché; il savait en exercer les droits et en pratiquer tous les devoirs; il s'était créé au Palais une situation solide et respectée qui lui valut d'être élu membre du Conseil de l'Ordre en 1872.

La nature de son talent, plus porté vers la dialectique que vers les élans oratoires, sa parole claire et posée, mieux faite pour retenir l'attention du juge que pour frapper celle du public, son goût pour les bonnes causes de préférence aux causes retentissantes, ont fait que ses qualités d'avocat se sont moins répandues au dehors qu'elles n'étaient appréciées au Palais. Mais ceux qui l'avaient vu à l'œuvre n'hésitaient pas à lui confier les afffaires les plus importantes et les plus difficiles; aussi eut-il souvent l'occasion de se signaler dans de grandes causes, auprès des premières illustrations du barreau. Il eut notamment un rôle très remarqué dans un procès plaidé en 1866, devant la Cour de Metz, contre un syndicat de banquiers allemands, où il se fit entendre auprès de MM. Jules Grévy, Allou et Dufaure.

Aux mérites professionnels qui résultaient de son savoir, de sa pratique des affaires et de sa rectitude d'esprit, notre confrère joignait des qualités non moins précieuses, celles qui forment, au Palais, des liens durables de sympathie et d'estime. Il avait la noblesse du caractère. l'agrément

et la sûreté du commerce ; ses dehors un peu froids fai-
saient mieux ressortir encore sa courtoisie et sa bienveillance naturelles.

Cette bienveillance se manifestait volontiers pour les
jeunes, pour les débutants de la Conférence et de l'au-
dience. Il aimait à seconder leurs efforts, à aider leur
inexpérience, à encourager leur émulation par la pré-
cieuse faveur d'une note dans le *Droit*, lorsqu'ils s'étaient
distingués dans une affaire. C'était une bonne fortune
pour eux, quand les hasards de la répartition des causes
leur donnaient Ch. Ballot pour adversaire dans un procès
où leur dévouement de stagiaire était mis à l'épreuve
soit par un client d'assistance judiciaire, soit par un de
ces plaideurs avisés qui se mettent volontiers en quête de
talents jeunes et désintéressés. Plus d'une fois leur adversaire devenait pour eux un guide, et souvent il restait un
ami.

Bien qu'il se fût uniquement consacré aux travaux du
Palais et de la presse juridique, Ch. Ballot ne se désin-
téressait pas de la chose publique. Jamais il n'affecta pour
elle une insouciante indifférence. Les convictions républi-
caine qui s'étaient formées en lui dès l'époque de ses
débuts n'ont jamais fléchi. Il les pratiquait sans ostenta-
tion et sans timidité, à une époque où beaucoup affirmaient
qu'elles ne pouvaient plus être que de dangereuses chi-
mères. Mais il était trop libéral pour ne pas respecter toute
conviction sincère ; il avait trop d'esprit pour être intolé-
rant ; il était trop bon patriote pour ne pas mettre au-dessus
des divisions des partis le bien de l'État et l'amour du
pays.

Aussi, lorsque le régime auquel il n'avait jamais voulu
se rallier s'écroula sous le poids de nos désastres, lors--

qu'une révolution consacra de nouveau les idées qui étaient les siennes, il ressentit plus vivement les angoisses de la patrie que le triomphe de ses convictions les plus chères. Appelé par le Gouvernement de la Défense nationale aux fonctions de premier avocat général à la Cour de Paris, il ne les accepta que comme un intérim, comme un devoir civique à remplir dans la capitale assiégée. Pendant deux mois, il prêta son concours le plus dévoué à son confrère Leblond qui venait d'être placé à la tête du parquet de la Cour; puis il demanda à rentrer au barreau. Il ne voulut même pas recevoir les appointements de sa courte magistrature; il les abandonna tout entiers à l'une des œuvres de bienfaisance qui s'occupaient de nourrir les malheureux pendant le siège de Paris.

Il n'est pas étonnant que les rares qualités qui distinguaient Cʜ. Bᴀʟʟoᴛ, et que couronnait tant de désintéressement, lui aient conquis de profondes sympathies et des amitiés durables. Des liens étroits de confiance et d'estime s'étaient depuis longtemps formés entre lui et l'ancien secrétaire de la Conférence des Avocats, l'ancien bâtonnier de l'Ordre, qui est devenu le premier magistrat de la République. Aussi, en 1879, lorsque M. le Président Jules Grévy fut appelé à la tête du gouvernement, nul ne fut surpris qu'il réservât un des postes les plus élevés, dans le Conseil d'État, dont l'organisation venait d'être complétée par la loi du 13 juillet 1879, au jurisconsulte éminent, au républicain éprouvé, à l'ami, dont il connaissait si bien le mérite et le dévouement.

Si touché que fût Cʜ. Bᴀʟʟoᴛ de cette haute distinction, ce ne fut pas sans quelque mélancolie qu'il se sépara du barreau auquel il appartenait depuis trente-sept ans, du journal *le Droit,* du Palais auxquels l'attachaient de longs et précieux souvenirs. Ce n'était pas non plus sans un peu d'inquiétude et de défiance de lui-même, qu'il abordait un milieu nouveau pour lui, où sa science du droit et son expérience des affaires allaient être mises à l'épreuve dans des questions bien différentes de celles qui se débattent au Palais.

Les fonctions de président de section, auxquelles il fut appelé le 26 juillet 1879, pourraient imposer, en effet, une tâche difficile à tout jurisconsulte qui ne serait pas rompu aux affaires administratives et à l'exercice de la juridiction contentieuse. Mais le Conseil d'Etat, grâce à l'étendue et à la variété de ses attributions, pouvait offrir à Ch. Ballot des sujets d'étude auxquels il était merveilleusement préparé par son savoir juridique, élargi et fortifié par ses travaux de publiciste. La section de législation, qui venait d'être rétablie, trouvait en lui un président tout prêt à diriger ses travaux. Pendant six ans, il s'acquitta de cette tâche avec une compétence éprouvée, avec le zèle consciencieux qu'il apportait à toutes ses œuvres. Parmi les lois à la préparation desquelles il a présidé, on peut citer : la loi sur l'élection des juges des tribunaux de commerce, sur les faillites, sur la police de la pharmacie ; le livre du Code rural, relatif au régime des eaux ; plusieurs lois destinées à reviser ou à compléter des dispositions du Code civil, notamment la loi sur la nationalité, sur certains effets légaux de la séparation de corps et du divorce, sur les pouvoirs du père comme administrateur des biens de ses enfants mineurs pendant le mariage.

Ce dernier projet a eu pour rapporteur le président même de la section de législation, et son rapport mérite d'être consulté comme une des études les plus approfondies qui aient été publiées sur cette délicate matière.

Je passe sous silence les nombreux avis de doctrine, les règlements d'administration publique relatifs aux matières les plus variées que la section de législation a été chargée d'élaborer, soit seule, soit réunie à d'autres sections du Conseil. Je rappellerai seulement les règlements ayant force de loi qui ont organisé les services judiciaires en Tunisie, et ceux qui ont fixé, en vertu d'une mission nouvelle confiée au Conseil d'Etat par la Commission du budget et par les Chambres, l'organisation et le service intérieur des ministères.

Il y avait cinq ans que Ch. Ballot se consacrait à ces travaux lorsque le Conseil d'Etat perdit son vénéré vice-président, M. Faustin-Hélie, qui lui avait consacré les dernières années de sa robuste vieillesse, et qui avait reflété sur lui l'illustration d'une vie donnée tout entière à la science et au culte du droit. Le gouvernement eut l'heureuse pensée de ne point lui chercher un successeur en dehors du corps qu'il avait présidé. Ch. Ballot, par son âge, par ses services, par le rang qu'il occupait en tête du tableau des présidents de section, était naturellement appelé à l'honneur de lui succéder. Aussi la décision qui l'éleva aux fonctions de vice-président du Conseil ne fit-elle que confirmer le choix qu'eussent fait ses collègues eux-mêmes.

Malheureusement, notre regretté confrère ne devait pas exercer longtemps les hautes fonctions qui venaient de couronner sa carrière.

Depuis quelques années déjà sa santé était ébranlée; elle avait subi de graves atteintes pendant l'hiver de 1884 ; le mal ne s'était laissé vaincre qu'après avoir fait des ravages que ses forces affaiblies ne lui avaient pas permis de réparer entièrement. Nommé vice-président du Conseil d'Etat le **26** février **1885**, il voulut remplir avec une consciencieuse exactitude toutes les obligations de sa charge. Les jours où il n'avait à présider ni les assemblées générales du Conseil ni les audiences du Contentieux, il se faisait un devoir de se rendre à son cabinet, de s'y tenir à la disposition des membres du Conseil, de porter son attention sur tous les travaux, sur toutes les questions de personnel et d'administration intérieure qui lui paraissaient mériter son attention.

Ses collègues sentaient que c'était trop pour ses forces ; quelquefois, vers la fin d'une longue et laborieuse séance, ils le voyaient avec tristesse lutter contre une fatigue qui altérait ses traits et sa voix. On pouvait espérer que les vacances lui permettraient de restaurer ses forces et de reprendre plus librement les travaux de la rentrée. Mais le mal qui le minait sourdement ne fit que se développer pendant cette période. En octobre **1885**, il put encore assister à la reprise des travaux du Conseil, mais presque aussitôt il fut obligé de s'aliter ; après deux longs mois de souffrances courageusement supportées, d'angoisses quelquefois traversées par de décevantes lueurs d'espoir, il s'éteignit doucement entre les bras des siens, le **29** décembre **1885**.

Il avait alors soixante-sept ans. Il y avait quarante-trois ans qu'il avait pris la robe d'avocat, sept ans qu'il l'avait quittée pour entrer au Conseil d'Etat. A toutes les époques de sa carrière, sous toutes les formes que son activité a revêtues, il est resté le même : légiste éclairé, homme d'affaires intègre, citoyen sans reproche. Tel je l'avais connu au Palais, tel je l'ai revu dans l'Assemblée où nous nous sommes retrouvés.

Aux mérites et aux vertus qui lui ont assuré la haute

estime de tous, il joignait une modestie rare et tellement susceptible qu'elle craignait d'être troublée même après la mort. Des dispositions formelles de ses dernières volontés ont interdit sur sa tombe les hommages et les éloges dus à sa vie si bien remplie. Respectueux de ses volontés, le Conseil d'Etat a dû garder le silence autour de son cercueil. Aussi m'estimé-je heureux que les traditions de notre Association confraternelle m'aient permis de rendre aujourd'hui hommage à sa mémoire sans enfreindre sa volonté, et de le faire au nom de cette Conférence où son nom vient de revivre dans un fils digne de lui.

Alcan-Lévy, imprimeur de l'Ordre des Avocats.

www.ingramcontent.com/pod-product-compliance
Lightning Source LLC
LaVergne TN
LVHW021509060726
842527LV00006B/2548